Inhalt

E-Support für Personalabteilungen

Kernthesen

Beitrag

Fallbeispiele

Weiterführende Literatur

Impressum

E-Support für Personalabteilungen

M. Westphal

Kernthesen

- Auch Personalabteilungen müssen inzwischen im Unternehmen ihren "Wertbeitrag" nachweisen
- Der Zwang zu erhöhter Wertschöpfung in der Personalabteilung führt zu verstärkter Einführung von IT-Unterstützung
- Administrativer IT-gestützter Self-Service der Mitarbeiter entlastet die Personalabteilung von Routinearbeiten
- Ausgefeilte IT-Lösungen für Personalabteilungen können nicht nur die Kosten senken, sondern auch die Qualität der Leistung erhöhen

Beitrag

Wie bei der Einführung von IT-Systemen für andere Funktionen innerhalb eines Unternehmens, liegen auch die Wurzeln von Human-Resource-Systemen (HR-Systemen) in der Automatisierung administrativer Tätigkeiten. HR-Systeme haben ihre Daseinsberechtigung. Zwar gibt es noch den einen oder anderen technikscheuen Personaler, aber der Großteil der HR-Manager weiß um die Bedeutung der sich aus dem Einsatz dieser Software-Tools und Systeme ergebenden Möglichkeiten.
So werden Funktionen wie Entgeltabrechnung, Stammdatenverwaltung, Stellenverwaltung, Seminarverwaltung oder Zeiterfassung häufig schon über IT-Systeme abgebildet. Damit ist das eigentliche Wertschöpfungspotenzial von HR-Software-Systemen aber noch lange nicht ausgeschöpft. Aus strategischer Sicht ließe sich noch viel mehr realisieren als das in der aktuellen Praxis derzeit geschieht, denn auch innovativere Themen wie E-Learning, E-Recruitment oder Performance-Management können sinnvoll und ressourcenschonend geleistet werden. Insbesondere auch die Implementierung von Self-Service-Funktionen, die mit aktiver Mitwirkung des gesamten Personals im Rahmen von Mitarbeiterportalen Prozesse schneller, transparenter und damit

effizienter gestalten, ist zu berücksichtigen. (1)

Interessante Weiterentwicklungen sind in nächster Zeit insbesondere bei folgenden Themen zu erwarten:
- Reporting- und Analyse-Tools (Aggregation von Daten aus verschiedenen Systemen und Zusammenführung in multidimensionalen Analysen)
- Internet-Zugriff
- Internet-Architekturen
- E-Recruitment
- E-Learning (bisher hat kaum ein Anbieter diesbzüglich eine eigene Lösung implementiert

E-Learning

E-Learning wird niemals klassische Bildungsprogramme ersetzen, sondern z. B. im Rahmen von "Blended Learning" andere Bildungsmethoden ergänzen. (2)
Unternehmen, die E-Learning-Inhalte anbieten und durch E-Learning-Konzepte und Kanäle verbreiten, werden am großen Erfolg teilhaben. Hierbei ermöglichen derartige Lösungen eine größere Quantität und damit höhere Effizienz. (2)
Gerade neue technische Entwicklungen wie LANs, E-Books, Streaming Video und interaktive CD-ROMs vor allem aber auch Virtual Private Networks (VPN) sowie Wireless-Lösungen werden zu

Schlüsseltechnologien für das E-Learning und können zeit- und ortsunabhängiges Lernen beschleunigen. (2)

Die USA sind den europäischen Ländern in punkto Einsatz von E-Learning in der Schule einen Schritt voraus. Im nicht-traditionellen Bildungsbereich wie etwa den Senioren liegt Europa aber gleichauf. (2)

Human Resource Self Service Systems

Selbstbedienungssysteme sind aus unserem heutigen Alltag nicht mehr weg zu denken. Supermarkt, Tankstelle, Bank, oder gar Visitenkartendruck, der Do-it-yourself-Gedanke erobert immer neue Felder. Jetzt werden die Vorzüge dieser Konzepte im Rahmen des Human-Resource-Self-Service-Systems auch auf die Personalabteilungen übertragen. (3)

Erfahrungen zeigen, dass die Zufriedenheit der Mitarbeiter steigt, wenn sie in Prozesse stärker eingebunden werden, Prozesse also, die sie selbst auslösen, verfolgen und kontrollieren können. (3)

Viele der rein administrativen Aufgaben einer Personalabteilung lassen sich auch automatisieren und direkt vom Mitarbeiter bearbeiten wie z. B.

Reisekostenabrechnungen, Urlaubsanträge oder Mitarbeiterbeurteilungen. So wirkt er auch aktiv und selbst an diesen "Prozessen" mit und wird nicht nur bedient. Die Bandbreite möglicher Anwendungen, die so die Personalabteilungen von rein administrativen Aufgaben befreien, wachsen im Rahmen von HR-Self-Service ständig. (3)

Zu beachten ist, dass bei der Einführung derartiger Services in Deutschland in der Regel die Personalvertretungen hinzuzuziehen sind. (3)

Wie war es "früher"?
Insbesondere drei Gründe sprechen für die Einführung von sogenannten HR-Self-Services:
Musste ein Manager mit einer Personalverantwortung über 20 30 Mitarbeiter früher tagelang Briefe und Hausmitteilungen für eine Gehaltsrunde schreiben, läuft dieser Prozess jetzt automatisiert.
Im Rahmen der Verwaltung der Mitarbeiter-Skills ist heute sofort per Knopfdruck ein Abgleich zwischen den Soll-Anforderungen für eine Position und den tatsächlich von einem Mitarbeiter besuchten Fortbildungen zu erkennen.
Standardprozesse wie Spesenabrechnungen wurden früher auf einem Zettel ausgefüllt und zur Prüfung und Freigabe wie auch letztendlicher Eingabe in ein System auf Zetteln ausgefüllt. Heute werden diese

Abrechnungen vom Mitarbeiter direkt ins System eingegeben, welches auch schon vorab Plausibilitätsprüfungen zur Senkung der Fehlerquote durchführt. In einem automatisierten Workflow werden die Daten dem Vorgesetzten zur Freigabe übermittelt und dann automatisch ins Personalabrechnungssystem überspielt, um auch die entsprechende Zahlung anzuweisen. Der Prozess ist transparent, die Spesen werden schneller erstattet und die Datenqualität ist deutlich höher. (3)

Der Schulungsaufwand für derartige Self-Service-Systeme ist relativ gering, da die Oberflächen meist selbsterklärend sind und die Mitarbeiter inzwischen auch im Umgang mit Computer und Inter- /Intranet deutlich sicherer sind. (3)

Ein wesentlicher Erfolgsfaktor für die Einführung von HR-Self-Service ist ein IT-basierter Workflow, der die Personal-Prozesse adäquat samt Workflow in der IT abbildet. Der Workflow überprüft bzw. plausibilisiert, ob ein Urlaubsanspruch besteht oder aber alle Kostenarten in einer Reisekostenabrechnung richtig geschlüsselt worden sind. Dann leitet das System den jeweiligen Prozess automatisch an den entsprechenden Vorgesetzten oder direkt die Personalabteilung weiter, um abschließend auch im System die Fortschreibung des Urlaubskontos oder die Überweisung automatisch zu tätigen/anzustoßen.

(3)

Mitarbeiter-Portale

Mitarbeiterportale sind durch personalisierte Zugriffsrechte und Single-Sign-On-Dienste individuell verfügbare Informationssysteme in einem Unternehmen. Arbeitsabläufe werden durch Integration von Prozessen und Anwendungen verbessert und Bearbeitungsvorgänge automatisiert, was letztendlich auch Kosten spart. Mitarbeiterportale ermöglichen eine einfache und schnelle Informationslogistik in einem Unternehmen und die Personalabteilung spart Arbeitszeit und kann mit vereinfachten Abläufen arbeiten aufgrund der elektronischen Abbildung der personalrelevanten Prozesse. Innerhalb eines Mitarbeiterportals kann jeder Beschäftigte gemäß dem definierten Rollen- und Rechtekonzept auf die zentral über eine Internet-Arbeitsplattform zur Verfügung gestellten Inhalte und/oder Prozesse zugreifen, die er benötigt. Aufgrund der sehr unterschiedlichen Geschäftsprozesse, die durch Mitarbeiterportale abgebildet werden können, verbinden sie je nach Anwendungsbereich die unterschiedlichsten Backend-Systeme und Applikationen. (4)
Genau wie die IT-Abteilung ist auch die

Personalabtelung zunehmend gefragt, einen Mehrwert für das Unternehmen zu schaffen. Und der Mehrwert, den eine Personalabteilung liefern kann, liegt nicht in der Verwaltung, sondern in der Betreuung und Beratung der Beschäftigten. Durch ein Mitarbeiterportal werden die gängigen Arbeitsprozesse in der Personalabteilung optimiert und vereinfacht was letztendlich mehr Zeit lässt für beratungsintensive Tätigkeiten. (4)
Die hohe Aktualität der Daten in einem Mitarbeiterportal sorgt auch für die nötige Akzeptanz bei Mitarbeitern, Vorgesetzten und der Personalabteilung.
Daten werden nur einmal erfasst und dann für die verschiedensten Anwendungen zur Verfügung gestellt. (4)

Über Mitarbeiterportale erhalten Führungskräfte Informationen wie Auswertungen über Gehaltsentwicklungen, Mitarbeiterhistorie oder Ausbildungsdaten. Diese Daten dürfen aus datenschutzrechtlichen Gründen nicht einfach per E-Mail versandt werden, da es sich gemäß Bundesdateschutzgesetz (BDSG) um personenbezogene Daten handelt. Somit müssen Mitarbeiterportale hohe Sicherheitsanforderungen in Bezug auf Datenzugriff wie auch Datenaustausch erfüllen. (4)

Da im Rahmen von Mitarbeiterportalen den Aufgaben Aufbereitung, Verbreitung und Verwaltung von Inhalten eine wichtige Rolle zukommt, ist die Integration eines Content-Management-Systems (CMS) zu empfehlen. (4)

Das Rollen- und Rechtekonzept innerhalb eines Mitarbeiterpotals ist in der Regel in einem zentralen Verzeichnisdienst (wie X.500 oder Active Directory) hinterlegt. (4)

Fallbeispiele

Der Hausgerätehersteller Bosch Siemens muss seine Techniker jährlich schnellstmöglich auf 8.000 neue Gerätevarianten und Modelle schulen. Um dieses Ziel so effizient wie möglich zu schaffen, hat der Weiße-Ware-Hersteller sein klassisches Trainigsprogramm um Online-Komponenten erweitert. Das Autorenwerkzeug "Tegnity Weblearner" von Humance stellt sicher, dass alle Techniker flächendeckend und zum selben Zeitpunkt eine CD-ROM erhalten, auf der sie in gleicher Qualität über neue Produkte und deren Handhabung informiert werden. So verändert sich auch die Trainerrolle vom

Referenten hin zum Online-Tutor. Es wird daran gearbeitet, diese Lerneinheiten in die SAP-Lernplattform der BSH zu integrieren. (6)

Die Einführung eines web-basierten Self-Service-Systems bei Dell Computer hat im ersten Jahr nach der Installation Einsparungen in Höhe von 2,5 Millionen USD realisiert.
Die amerikanische Firma AB Lummus Global Inc. hat mit der Einführung einer Oracle-basierten Reisekosten-Abrechnung so gute Erfahrungen gemacht, dass nun auch die deutsche Tochter diese Software einführen wird. (3)

Die Deutsche Bahn, die mit 250.000 Mitarbeitern in Deutschland einer der größten Arbeitgeber ist, hat sich das Ziel gesetzt, die Bewerbungsprozesse schneller und einfacher zu machen unter gleichzeitiger Wahrung optimaler Sicherheits- und Vertraulichkeitsstandards. Zur Erreichung dieses Ziels hat man sich für die Einführung einer E-Recruiting-Lösung entschieden. Schon 1998 hat die Bahn auf Basis von Peoplesoft-Software ein durchgängiges Personal-Management-System aufgebaut, welches mit mehr als 200.000 verwalteten Stammsätzen, 250.000 Konzernausweisbildern und 48.000 Bewerberdatensätzen zu den fünf größten und stabilsten Human-Resources-Systemen weltweit gehört. Genutzt wird dieses System von 2.000

Anwendern aus dem Personal-Management und weiteren 1.000 Mitarbeitern, die das System in etwas geringerem Umfang nutzen.
Im Nachtbetrieb versorgt das System andere zentrale IT-Lösungen des Konzerns mit Personaldaten im Rahmen von Aufgaben wie Gehaltsabrechnung oder Einsatzplanung des Bordpersonals.
Im Jahre 2003 wurde beschlossen, sämtliche relevanten Personalsysteme web-fähig zu machen, um alle Teilnehmer aktiv in die Prozesse einzubinden und sie somit zu verbessern und zu beschleunigen. Eine der ersten Anwendungen, die live geschaltet wurde, war die Personalbeschaffung im Internet, die zuvor wie bei vielen anderen Unternehmen auch die Bewerberdaten nicht ohne Medienbrüche verwalten ließ.
In der aktuellen Version des Bewerber-Tools sind jetzt standardisierte Online-Bewerbungsbögen für die Dateneingabe durch den Bewerber selbst und eine direkte Schnittstelle zur Stellenbörse in Echtzeit verfügbar. Auch für interne Kandidaten steht dieses volle Leistungsspektrum selektiv mit der Stellenbörse für rein interne Vakanzen zur Verfügung.
Die Daten aller Bewerber sind direkt im System und für jeden Personalmitarbeiter sofort sichtbar. Nach jedem Bewerbungseingang werden automatisch Eingangsbestätigungen versandt. Integrierte Standards unterstützen im weiteren Verlauf die Kommunikation mit den Bewerbern, die Personal-

Referenten werden von Arbeiten wie Dateneingabe und pflege entlastet und können sich so stärker auf ihre inhaltlichen Aufgaben konzentrieren.
Nach dem erfolgreichen Roll-Out des E-Recruiting sind weitere Web-Anwendungen wie ein neues Personalportal, welches im Intranet ganze Workflows abwickelt, geplant. (7)

Der IT-Hersteller Xerox hat ein neues Internet-basiertes Personalportal installiert, welches als alleinige Recruitment-Lösung für Xerox aber auch seine Vertragspartner dient.
In Anbetracht der anstehenden geplanten Einstellungszahlen sind traditionelle Recruitment-Verfahren zu aufwändig. Der Weg über herkömmliche Stellenanzeigen und Personalberater ist z. B. an einen Redaktionsschluss gebunden, nach dem der Text einer Ausschreibung nicht mehr geändert werden kann, auch wenn sich die erwarteten Qualifikationen noch geändert haben sollten. Ebenso kamen sämtliche Bewerbungen ungefiltert und insbesondere unstrukturiert, was einen hohen Bearbeitungsaufwand nach sich zog.
Die E-Recruitment-Lösung des Herstellers Jobpartners, die auf der Weblogic-Plattform von Bea und der Datenbank 9i von Oracle aufbaut bietet eine Internet-basierte Lösung, die den gesamten Recruitment-Prozess abbildet und die gewünschte Transparenz für alle Beteiligten schafft.

Allein die Tatsache, dass jetzt deutlich weniger und qualifiziertere Bewerbungen eingehen (da die elektronischen Fragebögen im Web schon eine Vorauswahl schaffen in Richtung hin auf Kandidaten, die "richtig denken"), macht den gesamten Prozess effizienter. Darüber hinaus sind die Daten dann schon in strukturierter Form im System vorhanden.
Das System vergleicht automatisch die eingegebenen Skills mit den Anforderungen in der Ausschreibung und der Personalverantwortliche kann dann selbst entscheiden, ob er sich nur Personen mit einer Trefferquote ab 80 Prozent ansieht oder alle. (8)

Über die Hälfte der 519 deutschen Sparkassen verwalten ihre Personalzeiten vollelektronisch und automatisiert mit dem Programm Zina. Allerdings müssen Vorgänge wie das Korrigieren oder die Eingabe von Fehlzeitanträgen immer noch handschriftlich getätigt werden. Auf das Jahr gerechnet, kommen so einige Mitarbeiterwochen an Arbeitszeit zusammen. Viele Sparkassen steuern ihren internen Informationsfluss über das Groupware- und Messaging-Programm Lotus Notes. Aufgrund der Integration von Notes in Zina, werden die am PC oder Terminal gebuchten Arbeitszeiten jetzt per Online-Schnittstelle direkt in das Zina-System geleitet. Daten sind aktueller, ein doppeltes Einpflegen der Daten entfällt und die

Abstimmungsprozesse sind deutlich beschleunigt. Je nach Unternehmensgröße können bis zu mehrere Mitarbeitermonate eingespart werden. Im Falle der saarländischen Sparkasse Merzig-Wadern ist das Komplettsystem seit Februar im Einsatz. Das Unternehmen rechnet mit seinen 400 Mitarbeitern mit einer Einsparung im Bereich von 45 Mitarbeitertagen jährlich. (9)

Weiterführende Literatur

(1) E-Recruiting/Was Human-Resources Management-Systeme (HRMS) bringen Personalsoftware: Stärken und Defizite
aus Computerwoche, 14.11.2003, Nr. 46, S. 38-39

(2) Gute Perspektiven für Anbieter von Inhalten E-Learning - wer macht das Geschäft?
aus Computerwoche, 24.10.2003, Nr. 43, S. 49

(3) E-Recruiting/Mitarbeiter und Führungskräfte erledigen administrative Aufgaben per Knopfdruck Selbstbedienung spart Zeit und Geld
aus Computerwoche, 14.11.2003, Nr. 46, S. 48-49

(4) E-Recruiting/Wie sich Unternehmensabläufe verbessern lassen Mitarbeiterportale entlasten Personaler
aus Computerwoche, 14.11.2003, Nr. 46, S. 40-41

(5) Minutiöse Arbeit
aus Der Handel Nr.12 vom 03.12.2003 Seite 068

(6) E-Learning Bosch Siemens trainiert Servicetechniker
aus Computerwoche, 24.10.2003, Nr. 43, S. 43

(7) E-Recruiting/Nichts geht ohne das elektronische Recruiting-System Bahn-Mitarbeiter bewerben sich elektronisch
aus Computerwoche, 14.11.2003, Nr. 46, S. 46-47

(8) E-Recruiting/Xerox unterstützt seine Vertragspartner mit E-Recruiting Bewerber kommen durchs Portal
aus Computerwoche, 14.11.2003, Nr. 46, S. 42

(9) Die Personalverwaltung wird für Zina-Anwender komfortabler
aus Betriebswirtschaftliche Blätter, Dezember 2003, Nr. 12, S. 617

Impressum

E-Support für Personalabteilungen

Bibliografische Information der deutschen Nationalbibliothek

Die Deutsche Nationalbibliothek verzeichnet diese Publikation in der deutschen Nationalbibliografie; detaillierte bibliografische Daten sind im Internet über http://dnb.d-nb.de abrufbar.

ISBN: 978-3-7379-0289-2

© 2015 GBI-Genios Deutsche Wirtschaftsdatenbank GmbH, Freischützstraße 96, 81927 München, www.genios.de

Alle Rechte vorbehalten. Dieses Werk ist einschließlich aller seiner Teile – z.B. Texte, Tabellen und Grafiken - urheberrechtlich geschützt. Jede Verwertung außerhalb der Grenzen des Urheberrechtsgesetzes bedarf der vorherigen Zustimmung des Verlags. Dies gilt insbesondere auch für auszugsweise Nachdrucke, fotomechanische Vervielfältigungen (Fotokopie/Mikroskopie), Übersetzungen, Auswertungen durch Datenbanken oder ähnliche Einrichtungen und die Einspeicherung und Verarbeitung in elektronischen Systemen.